JN170314
DISNEY
ディズニー・ガールズ
なぞるだけ！
キラキラおえかきレッスン帳
イラスト：オチアイトモミ
宝島社

もくじ

Step1 かおを かいてみよう

Step2 全身を かいてみよう

Step3 かわいい ポーズを れんしゅうしてみよう

Step4 ドレスを デザインしてみよう

Step5 ディズニーの なかまたちを なぞりがきしてみよう

うすい色（いろ）の せんを なぞって
かおの かきかたを
れんしゅうしよう！

かおのかきかた

せんを なぞって かおの かきかたを おぼえよう

1 りんかくをかこう

2 目とまゆげをかこう

3 口とはなをかこう

4 かみのけをかこう

できあがり

Step1 かおをかいてみよう

目のかきかた

かわいく かけるように たくさん れんしゅうしよう！

1 目のりんかくを太いせんでかこう

2 ひとみをかこう

3 まつげとふたえのせんをかこう

このページでれんしゅうしよう!

ひょうじょうのかきかた1

きほんの ひょうじょうを マスターしよう！

よろこぶ

1 かおをなぞろう

2 できあがり

おこる

1 かおをなぞろう

2 できあがり

かなしい

1 かおをなぞろう

2 できあがり

うれしい

1 かおをなぞろう

2 できあがり

このページでれんしゅうしよう!

Step1 かおをかいてみよう

ひょうじょうのかきかた2

パーツを かえて いろんな ひょうじょうを かこう

ウインク

1 かおをなぞろう

2 できあがり

泣く

1 かおをなぞろう

2 できあがり

目をとじる

1 かおをなぞろう

2 できあがり

びっくり

1 かおをなぞろう

目のふちを上げて
目を大きくかこう

2 できあがり

このページでれんしゅうしよう!

ヘアスタイルのかきかた1

ディズニー・ガールズの ヘアスタイルを かこう

アリス

1 ヘアスタイルをなぞろう

2 できあがり

しらゆきひめ

1 ヘアスタイルをなぞろう

2 できあがり

せんを もこもこさせると かわいいよ

シンデレラ

1 ヘアスタイルをなぞろう

2 できあがり

おだんごの せんを あたまの まんなかに むかうように すると むすんでいるように 見えるよ

すてっぷ Step1 かおをかいてみよう

ヘアスタイルのかきかた2

ディズニー・ガールズの ヘアスタイルを かこう

ベル

1 ヘアスタイルをなぞろう

2 できあがり

ハートのような前(まえ)がみが
ポイントだよ

ジャスミン

1 ヘアスタイルをなぞろう

2 できあがり

ティンカー・ベル

1 ヘアスタイルをなぞろう

2 できあがり

おだんごは ふわふわに
かいてみよう！

このページでれんしゅうしよう!

ディズニー・ガールズ キャラクター しょうかい

イギリスに すむ、こうきしんいっぱいの おんなの子。とけいを もつ白ウサギを おいかけて、ふしぎのくにに まよいこんでしまいます。

まま母と そのむすめたちに こきつかわれても めげない、明るい おんなの子。ようせいの まほうで うつくしいドレスすがたに へんしんします。

21メートルもの うつくしいかみのけを もつ おんなの子。たかいとうの上に とじこめられ、いつも外のせかいに あこがれています。

うたが とくいで、かれんなプリンセス。マレフィセントの のろいに かからないように、森で どうぶつたちと なかよくくらしています。

本をよむことと くうそうが 大すきな おんなの子。おそろしいやじゅうに やさしくせっすることのできる あたたかい心の もちぬし。

さばくに かこまれた おしろで そだった 王さまのむすめ。まずしい おんなの子に へんそうして おしろを ぬけだし、アラジンと であいます。

ことりたちや 7人のこびとに すかれる、やさしい心を もつ おんなの子。まじょから もらった どくりんごを かじってしまいます。

にんげんの せかいに あこがれる、うつくしい うたごえを もつ にんぎょ。さかなの フランダーや、カニの セバスチャンたちと なかよし。

キラキラと きん色のこなを まきながら 空を とぶことが できる ようせい。ピーター・パンの ことが大すきで、ちょっぴりヤキモチやき。

全身を かいてみよう

体や ドレスの
かきかたを マスターして
全身を かいてみよう。

シンデレラ

シンデレラをなぞってみよう

かわいい おだんごヘアが ポイントだよ

1 かおをかこう

2 耳とヘアスタイルをかこう

3 ドレスと体をかこう

4 アクセサリーとかみかざりをかこう

ポイント

ドレスの
しわを かくと、
ふんわりして
見えるよ

このページで
れんしゅうしよう!
できあがり

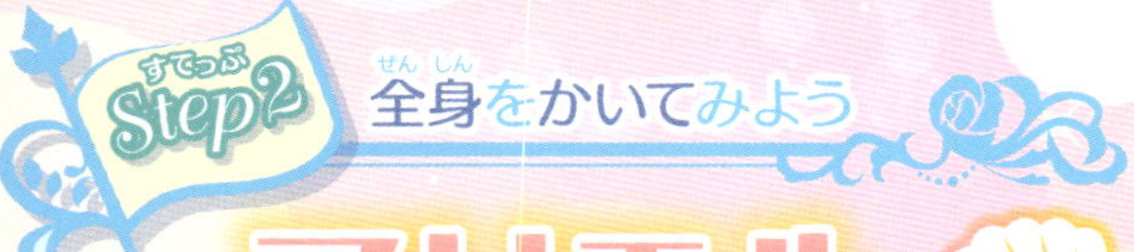

アリエル

アリエルをなぞってみよう

ドレスに ついた かいがらの かざりを
かわいく かいてね

このページで
れんしゅうしよう！

できあがり

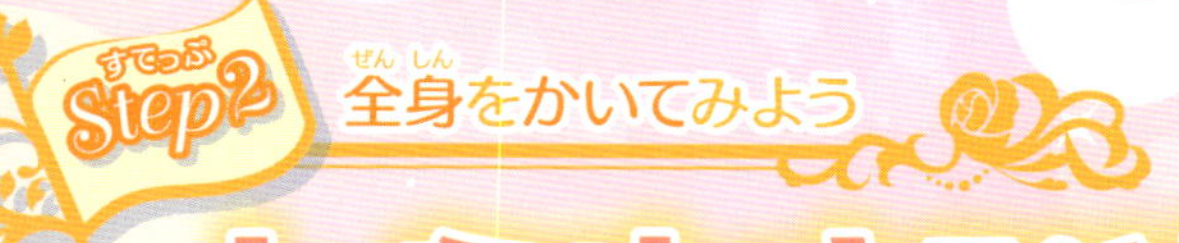

全身(ぜんしん)をかいてみよう

しらゆきひめ

しらゆきひめをなぞってみよう

ふわふわの かみのけを
バランスよく かいてみよう

1 かおをかこう

2 ヘアスタイルを かこう

ポイント
かおの まわりの
かみのけを
ふんわり
させてみよう

3 ドレスと体(からだ)を かこう

4 かみかざりを かこう

このページで
れんしゅうしよう!

できあがり

ベルをなぞってみよう

ドレスを ふんわりさせるのが ポイントだよ

このページで
れんしゅうしよう!
できあがり

ラプンツェルをなぞってみよう

みつあみヘア じょうずに かけるかな?

1 かおをかこう

2 耳とヘアスタイルをかこう

ポイント

大きなみつあみの あいだに小さいみつあみをかさねてかいてみよう

3 ドレスと体をかこう

4 かみかざりをかこう

このページで
れんしゅうしよう！

できあがり

オーロラひめ

オーロラひめをなぞってみよう

大人っぽい ドレスの れんしゅうだよ

このページで
れんしゅうしよう！

ジャスミンをなぞってみよう

アラビアンなドレスを
かわいく かいてみてね

1 かおをかこう

2 耳とヘアスタイルを かこう

3 ドレスと体を かこう

4 アクセサリーと かみかざりをかこう

このページで
れんしゅうしよう!

できあがり

アリス

アリスをなぞってみよう

あたまに つけた リボンが おしゃれ!

1 かおをかこう

2 耳とヘアスタイルをかこう

3 ドレスと体をかこう

4 かみかざりをかこう

ポイント
スカートの すそを
ひろげると
かわいくなるよ

このページで
れんしゅうしよう!
できあがり

Step2 全身をかいてみよう

ティンカー・ベル

ティンカー・ベルをなぞってみよう

ようせいの はねを キュートに かいてね

1 かおをかこう

2 耳とヘアスタイルをかこう

ポイント
前がみにボリュームを出すのがポイントだよ

3 ドレスと体をかこう

4 はねとかみかざりをかこう

ポイント
かみに つけたリボンとはねをわすれずに！

このページで
れんしゅうしよう!
できあがり

キュートな シンデレラの ぬりえに 色を ぬってみよう☆

かわいい ポーズを れんしゅうしてみよう

手や 足に うごきを つけて
いろんな ポーズを
かいてみよう！

かわいい ポーズを れんしゅうしてみよう

すわっている ポーズを かいてみよう

すわったときの 足(あし)の形(かたち)も イメージしてかいてね

1 うすいせんを なぞって れんしゅうしよう

ポイント

ドレスに 足(あし)のシワを 入(い)れると すわっているように 見(み)えるよ

2 できあがり

森(もり)のどうぶつたちを かいてみよう

しらゆきひめと なかよしの どうぶつたちを れんしゅうしよう

このページで れんしゅうしよう！

走(はし)っている ポーズを かいてみよう

走(はし)っている アリスを じょうずに かけるかな？

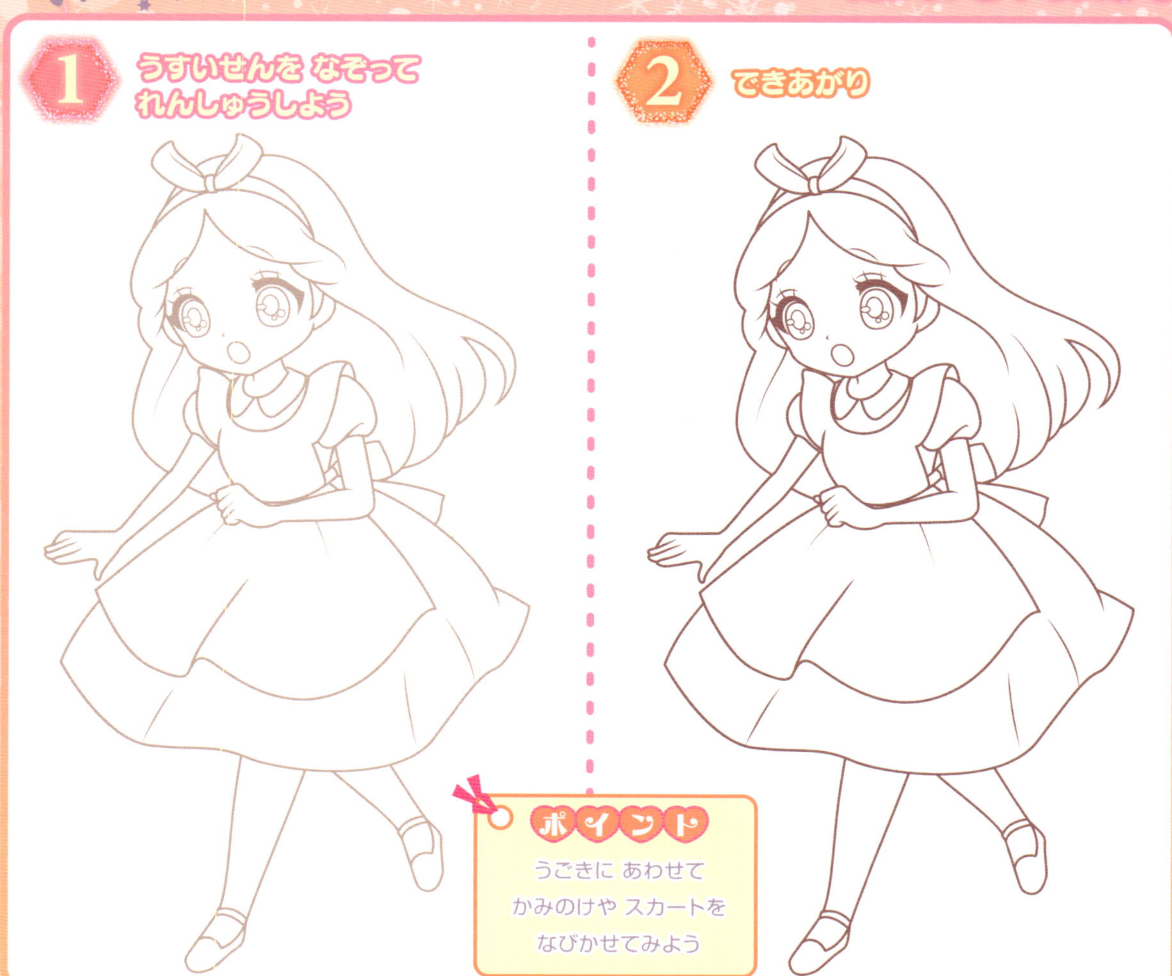

ポイント
うごきに あわせて
かみのけや スカートを
なびかせてみよう

よこがおを かいてみよう

あたまの形(かたち)は
まるを イメージすると かきやすいよ

このページで れんしゅうしよう！

かわいい ポーズを
れんしゅうしてみよう

およいでいる にんぎょを かいてみよう

うみを およぐ アリエルを 元気(げんき)いっぱいに かいてね

1 うすいせんを なぞって れんしゅうしよう

ポイント

うみの 中(なか)で ふわふわと広(ひろ)がる イメージで
かみのけを かいてみよう

2 できあがり

手(て)の かきかたを マスターしよう

おてほんを 見(み)て
なんども れんしゅうしてみてね

このページで れんしゅうしよう！

さいしょに ふちどりを すると、キレイに ぬれるよ！

ドレスを デザインしてみよう

すきな もようを かいて
ディズニー・ガールズに にあう
かわいい ドレスを デザインしてね♪

Step4（すてっぷ）

ドレスを デザインしてみよう

シンデレラ
Cinderella

もようを かいたり
色（いろ）を ぬったりして ドレスを
デザインしてみよう！
バッグや アクセサリーを
かいても かわいいよ

アリエル
Ariel

しらゆきひめ
Snow White

ベル
Belle

ラプンツェル
Rapunzel

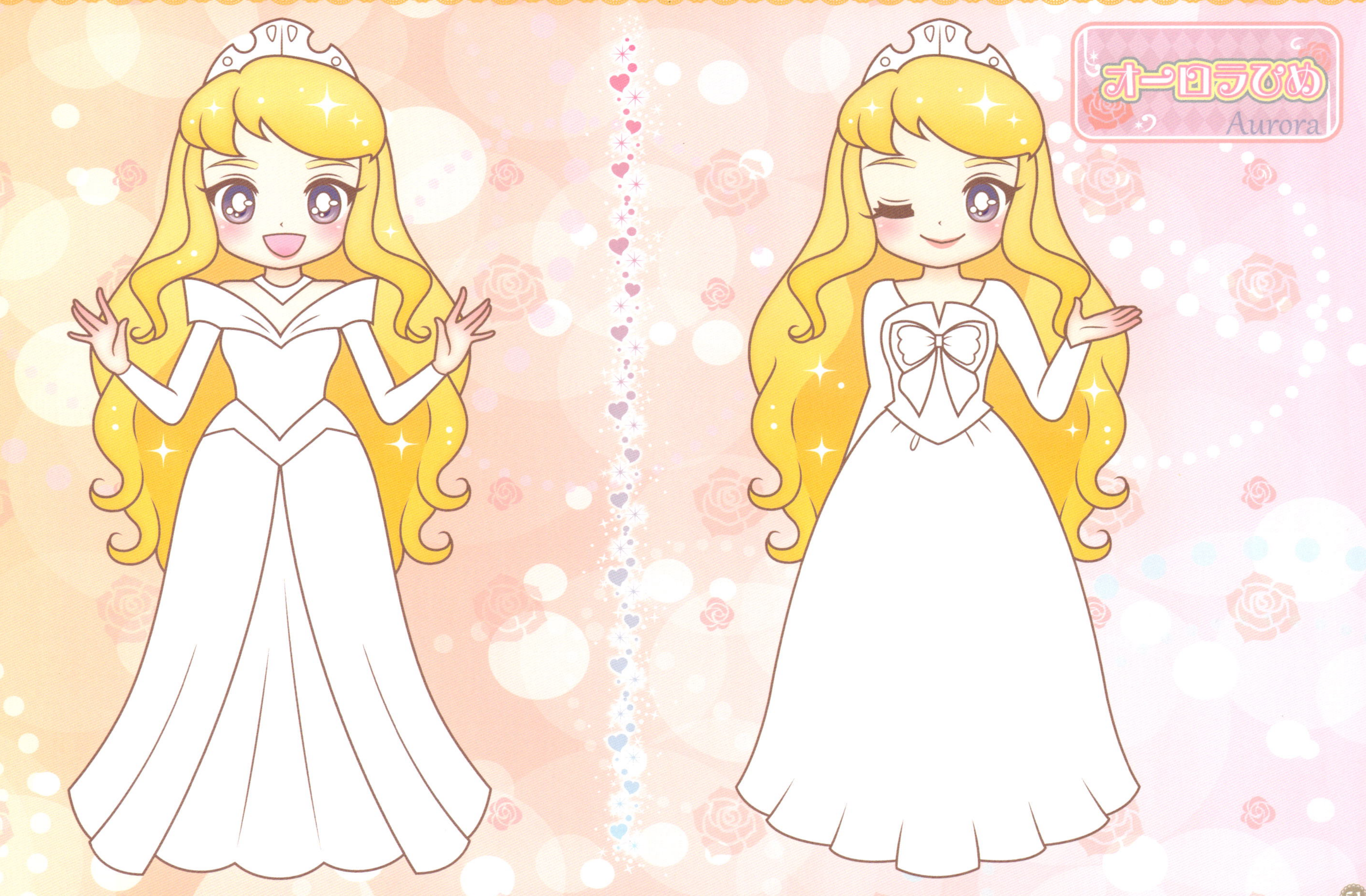
オーロラひめ
Aurora

ジャスミン
Jasmine

アリス
Alice
ティンカー・ベル
Tinker Bell

がんばって お花(はな)や トランプも ぬってみてね

ディズニーの なかまたちを なぞりがきしてみよう

なぞりがきおてほんシートの 上に かみを のせて
うつった イラストを えんぴつや ペンで なぞってね。
ぶあついかみや 色がついたかみは、
イラストが うつりにくいので ちゅういしよう。

『塔の上のラプンツェル』
『シンデレラ』
『眠れる森の美女』

『アラジン』
『白雪姫』
『リトル・マーメイド』

『美女と野獣』
『ふしぎの国のアリス』

XXX
XXX
Hunny

ドナルドダック＆デイジーダック
Daisy
Daisy
Charming
CANDY
『おしゃれキャット』

おてがみメモ

キリトリせんで切ってつかってね。

To

To

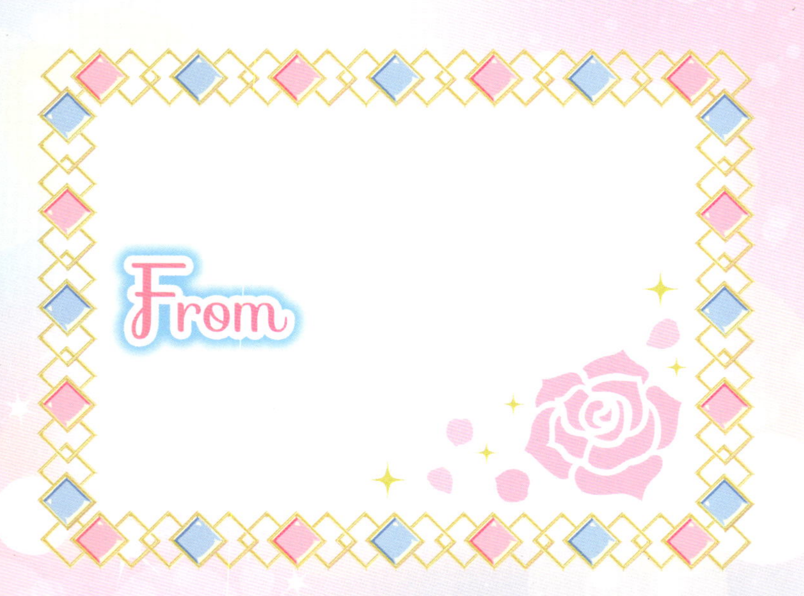
From

From

おてがみメモ

キリトリせんで切ってつかってね。

©Disney

©Disney

©Disney